Pérégrinations de l'esprit

Ali Nazi

Pérégrinations de l'esprit
Recueil

© Lys Bleu Éditions – Ali Nazi
ISBN : 979-10-377-6267-2

Le code de la propriété intellectuelle n'autorisant aux termes des paragraphes 2 et 3 de l'article L.122-5, d'une part, que les copies ou reproductions strictement réservées à l'usage privé du copiste et non destinées à une utilisation collective et, d'autre part, sous réserve du nom de l'auteur et de la source, que les analyses et les courtes citations justifiées par le caractère critique, polémique, pédagogique, scientifique ou d'information, toute représentation ou reproduction intégrale ou partielle, faite sans le consentement de l'auteur ou de ses ayants droit ou ayants cause, est illicite (article L.122-4). Cette représentation ou reproduction, par quelque procédé que ce soit, constituerait donc une contrefaçon sanctionnée par les articles L.335-2 et suivants du Code de la propriété intellectuelle.

Mon village

Je reviens vers toi
Petit village
Coin paisible
De Kabylie
Je me rappelle
Les jours heureux
Dans la misère
Dans l'indigence
De mon enfance
La vie si simple
De tous les gens
Simples et heureux
Dans les montagnes
Qui, les protègent
Qui, les nourrissent
De la vraie vie
De tous les jours
Je reviens vers toi
Ma chère racine
Qui donne sa sève
À ses enfants
Tous ses enfants
Même égarés
Loin de toi
Au bout du monde
Dans des cités
Tentaculaires
Qui happent la vie

Au quotidien
Des jours qui fuient
Je te retrouve
Mon doux village
Et, je te sens
Par ta douceur
Qui m'a manqué
Quand j'étais loin
Je te retrouve
Toujours le même
Un peu plus grand
Je te traverse
En m'arrêtant
À chaque recoin
Je touche les murs
Des vieilles maisons
Je sens l'odeur
De l'espérance
Je suis heureux
En confiance
Entre tes bras
Bien rassuré
Comme autrefois
Quand je courais
Dans tes ruelles
Si sinueuses
Pleines de senteurs
Et de couleurs

Désert ensorceleur

À toi grand voyageur
Adepte du désert
Lieu des splendeurs
Endroit si austère
Que tu aimes tant
Un mélange de mystère
Une nudité de la terre
Qui captive l'esprit
Face à la puissance
Face à la magnificence
Où l'âme s'attendrit
Dans le décor vide
Où règne le silence
Et une paix intense
Tu connais ses secrets
Tu lis dans les reflets
Et tu comprends la vie
Qui anime ses recoins
Éparpillés au loin
Au-dessus des dunes
Au pied des collines
Brûlées par le soleil
Sur le sable vermeil
Qui accroche le regard
Qui rend moins bavard
Face à l'immensité
Face à la majesté
Qui t'a toujours bercé
Dans ses bras soyeux
Qui t'a toujours chanté
Sa chanson par le jeu
Parmi sa vive chaleur

Pour que tu sois heureux
Parmi sa riche couleur
Et ses fascinantes odeurs
Qui émanent des pierres
Et des rares rivières
Qui vont comme une ride
Dans l'immensité du vide
En cette terre aride
Qui t'a toujours accroché
Depuis ta tendre enfance
Sous la voûte étoilée
La nuit des longues veillées
Parmi le temps invisible
Qui passe en fugitif
Dans un bruit inaudible
Créé par le chuchotement
De tous les éléments
Dont le feu, l'eau et le vent
Tu connais bien le chemin
Vers les portes du mystère
Que tu ouvres sans peine
Pour puiser les secrets
Dans le silence et la paix
De ce lieu enchanteur
Qui t'apporte le bonheur
Qui t'a toujours nourri
Qui t'a toujours enrichi
Pour devenir le maître
De ton destin heureux
Fier de ta liberté
Dans l'espace sans limite

Ma grand-mère

Je distingue à l'horizon
Une lumière captivante
Avec un point rond
Et une couleur apaisante
Je vois aussi un rayon
Sous une pluie fine
Et aussi près de moi
Un petit oiseau qui chante
Je regarde et je contemple
Ses belles plumes brillantes
Grand-mère, je viens vers toi
Par le chemin qui serpente
Je vois au loin ta maison
Adossée à la montagne
Elle est bâtie sur la roche
Dans la magnifique campagne
Je reconnais son toit
Et ses gros murs en bois
Je venais te voir souvent
Sous la pluie ou le vent
J'aimais ta soupe fumante
Chauffée sur la braise ardente
J'aimais cette odeur montante
Sortant des marmites en fonte
J'ai gardé encore l'image
De ton sourire angélique
Je vois encore au passage
La petite porte métallique
Je t'aidais pour son graissage
Et tout cela m'amusait
Mais, je dus fermer la page
Depuis que tu es partie
La maison est restée là
Muette et mélancolique
Je revenais chaque hiver
Retrouver tous les parfums
Que dégage chaque objet
Laissé après ton départ
Ton souvenir est vivant
Et il demeure magnifique
Aujourd'hui, j'ai grandi
Mais je me sens encore petit
Quand je rentre dans la maison
Je regarde ton portrait
Qui dégage une tendresse
Je le regarde distrait
Emporté par l'ivresse
Que me donnaient tes caresses
Je me sens bien ici
Et je te dis grand merci
Je te fais don symbolique
De cette poignée de fleurs
En remerciement modique
Pour la grandeur de ton cœur
Je reviendrai toujours
Pour nettoyer ta tombe
Un geste plein d'amour
Pour toi ma colombe

À l'innocence

C'est merveilleux
De se sentir
Comme cet enfant
Qui s'émerveille
Devant l'étoile
Au loin qui brille
Il s'émerveille
Devant la lune
À l'horizon
Sous son regard
Si innocent
Bien ébloui
Et enchanté
Il s'émerveille
Devant la fleur
Qui s'ouvre à lui
Tout en silence
Tout en douceur
C'est merveilleux
De voir l'enfant
Tendre l'oreille
Ouvrir les yeux
Dans son espace
Où pousse la vie
Où tout fleurit
Où naît la joie
Et le bonheur
Des petites choses
Qui font la vie
De ces détails
Si négligés
Au quotidien
Par habitude
Ou par mépris

Lui, l'enfant
Qui voit tout beau
Autour de lui
En innocent
Il cherche toujours
À comprendre
De chaque jour
Ce qu'il ignore
Car il ignore
Beaucoup de choses
Lui, l'enfant
Qui va marchant
Vers son destin
Encore fragile
Par des chemins
Encore cachés
À découvrir
Au cours d'une vie
Qui se dessine
Et qui fascine
De jour en jour
L'enfant curieux
Devant l'étoile
Qui brille au loin
Comme un point
Si minuscule
Devant ses yeux
Émerveillés
Lui, l'enfant
Venu au monde
Dans un espace
Où tant de choses
Lui échappent
Où tant de formes

Pleines de beauté
Restent un mystère
Dans son cerveau
Lui, l'enfant
Ensorcelé
Bercé dans l'air
Comme un papillon
Volant léger
Comme un enfant
Si innocent
Très attiré
Par les parfums
Par les couleurs
De toutes les fleurs
Qui poussent partout
Dans son espace
Devant ses yeux
À l'horizon
D'où vient l'écho
Avec des mots
À décoder
Au fil du temps
Qui fait la vie
À l'infini
Lui, l'enfant
Qui sent vibrer
Son cœur si jeune
Devant la vie
Qui s'ouvre à lui
Et l'espoir
À récolter
Et à semer

À toi, mon frère

Je te parle mon frère
Qui, te lèves chaque matin
La tête pleine de rêves
Et une volonté d'agir
Pour sortir de la misère
Qui te serre dans ses bras
Elle ne veut pas te lâcher
Mais, elle ignore la force
Qui t'anime à souhait
Elle ne sait rien de toi
Qui relèves haut la tête
Pour défaire ses tentacules
Je te salue mon frère
Pour ta persévérance
Et pour ton espérance
Tu ne baisses pas les bras
Et tu cherches à t'en sortir
À la sueur de ton front
Je te sais triomphant
Surmontant les obstacles
Et la faim de tous les jours
Tu refuses d'abdiquer
Devant une telle misère
Tu refuses d'entacher
Ton honorable dignité
Et surtout ta liberté
Devant le temps sévère
Même un genou à terre

Je te salue mon frère
Pour t'avoir vu changer
Ton malheur en bonheur
Et tes peines en joie
Demain, tu sortiras
Grandi avec honneur
Pour aller vers une vie
Radieuse, toujours meilleure
Je te salue mon frère
Pour ton cœur vaillant
Pour tes rêves infinis
Par tes mains, travaillant
Pour l'avenir et la vie
Tu entres dans le temps
De la douceur et du beau
De la verdure du printemps
En allant vers le haut
Je te revois sourire
Et tu as su devenir
Maître de ton destin
En traçant ton chemin
Je te salue mon frère
Pour ta nouvelle vie
Dont le bourgeon fleurit
Illuminant ta famille
Qui te voit en héros
Je te salue mon frère
En te disant « bravo »

Être un papillon

J'aimerais être un papillon
Pour aller de fleur en fleur
Puiser ma substance
Je voudrais suivre le sillon
Qui mène vers le bonheur
Demain, je tracerai
Les contours de mon destin
De ma main, j'allumerai
Le flambeau de demain
Qui guidera mes pas
Plus haut, jamais bas
Je sens m'emporter un élan
Comme cet enfant innocent
Qui court vers son papa
Je voguerai dans l'océan
Délivré, en liberté
Libre comme le vent
Allant toujours devant
Le cœur plein d'espoirs
Du matin jusqu'au soir
Je prendrais mon temps
Pour déguster le bonheur
Qu'on a décrit dans les livres
Et qui nous faisait rêver
Comme dans un conte de fées

Pour avoir plein les yeux
Et monter vers les cieux
Je ferais battre mes ailes
Sans entrave et léger
Emporté par le vent
Embaumé de senteurs
Sous la brise odorante
Dans le silence mystérieux
Je serais cet oiseau
Qui chante à tue-tête
Le soir avant la nuit
Chantant dans les roseaux
Chantant ce qui est beau
Je voudrais être par-dessus tout
Un joli papillon
Volant de fleur en fleur
Calme et sans frayeur
Rassuré et sans peur
J'aimerais survoler
Tous ces champs verdoyants
Tous ces épis ondoyants
Pour respirer la vie
Davantage à l'infini
Vivre ma vie en harmonie
Serein comme un papillon

Une vie si simple

Des hautes montagnes
Coulent des ruisseaux
Dans cette campagne
Le monde est beau
De bon matin
Les gens se lèvent
Sur le chemin
Chacun son rêve
On peut les voir
Grimpant les pentes
Et chaque soir
C'est la descente
Ils vont ensemble
Chantant la joie
Ils se ressemblent
Dans leur foi
La joie de vivre
Se lit souvent
Dans leur regard
Sincère, sans fard
Ils sont si simples
Dans leur nature
Ils sont si humbles
À l'âme pure
Je les admire
Pour leur union
Je veux le dire
Pour leur bon cœur
Qu'ils aiment ouvrir
Sans confusion
Ils aiment la terre
Qui les nourrit
Comme leur mère
Qui les chérit
Sur les hauteurs
Dans les vallées
L'espoir pousse
Et tout fleurit
Le temps qui passe
Leur est douceur
Et dans la grâce
Font leur labeur
Ils n'ont pas peur
De se salir
Encore moins
De se vieillir
Leurs mains ramassent
Avec ardeur
Les langues chantent
Du fond du cœur
Pour chaque saison
Ils se préparent
Dans chaque maison
Le grand départ
Ils sont heureux
Les gens simples
Elles sont heureuses
Toutes les familles
Petits et grands
Garçons et filles
Dans les montagnes
À la campagne
Où pousse la vie
À l'infini

Le rebelle

Comme l'épi de blé
Qui balance sa tête
Exubérante, insouciante
Au gré du vent
Qui le fouette
Tu touches le sol
Tu te redresses
Toujours debout
La tête haute
L'allure fière
Aux coups de boutoir
Du temps qui blesse
Tu tiens le coup
Le corps droit
Tu as la force
De ta bonté
Pour résister
Et espérer
Tu as la vie
Qui te sourit
Et le soutien
De tes amis
Tu es symbole
De la lumière
De chaque soir
Que tu projettes
Par la beauté
De tes projets
Force invisible
Dans le bonheur
Indivisible
Dans le malheur
Tu vas devant
Les barricades
Et tous les murs
Vite érigés
Pour les casser
Et pour passer
Avec honneur
Et dignité
Tu ne veux rien
De l'injustice
De la violence
Et des supplices
Ton cœur ne bat
Que pour une vie
De liberté
Et d'équité

Miroir maudit

Je te hais
Mon désespoir
Je te hais
Image ahurissante
Sale miroir
Matin et soir
Lumière méchante
Car tu t'amuses
À déformer
Le beau regard
Que je t'adresse
Dans l'innocence
Au naturel
J'évite de voir
Ma propre image
Et ce visage
Si répugnant
Que tu renvoies
Qui est le mien
J'ai peur de voir
Toute cette laideur
Qui s'en dégage
Et qui m'écœure
Tu as ôté
Ma force de rire
Et de sourire
J'évite depuis
D'être debout
Devant toi
Tu m'as poussé
À te haïr
À diriger

Même un regard
Un seul, furtif
Vers ta surface
Dont le plaisir
Est de blesser
Dans la beauté
Je te décroche
Pour ne plus voir
L'œuvre du temps
Sur ma figure
Qui baigne en toi
Et dont j'ai mal
À observer
Toute la laideur
Qui a chassé
Toute l'harmonie
Et la beauté
Que je voyais
Naguère en moi
Je te piétine
De toute ma force
Et je t'enterre
Miroir maudit
Qui a tué
Mon espoir
Et la beauté
De ma jeunesse
Tu as gommé
Le beau contour
Du vrai visage
Si amoché
Aujourd'hui

L'énigmatique

Je vois un homme
Qui lève les yeux
Qui tremble un peu
Car il est vieux
Regard curieux
L'air malheureux
Mais fasciné
Par la beauté
Qui se dégage
De ce spectacle
Qui s'offre à lui
Tout animé
Tout décoré
Dans le ciel bleu
La voûte céleste
Si étoilée
Je regardais
Surtout ses mains
Noueuses, ridées
Toutes écorchées
Stigmates du temps
Au cours d'une vie
Tumultueuse
Comme une bougie
Qui se consume
Tout en silence
Dans la journée
Et dans la nuit
Je le sentais
Très ému
Par le tableau
Qui vient à lui
Dans le mystère
De ce silence
Qui lui dessine
Des choses sublimes

Venues de loin
De son passé
Bien discret
Du long chemin
Qui resurgit
Dans la douleur
Qui lui arrache
Une larme chaude
Je vins vers lui
Tout en douceur
Le consoler
Dans son malheur
Mais sans tarder
Il s'en alla
Sans dire un mot
Traînant sa peine
Loin de ma vue
Restant l'énigme
Pour tous ses proches
Dont il évite
Même le regard
Restant muet
Dans son mutisme
Et le mystère
Qui charge sa vie
Et qui l'étouffe
Dans le décor
Qui rétrécit
De jour en jour
Son existence
Et sa patience
Qui diminue
Dont le regard
Qui brise sa vue
Dans le hasard
Et l'inconnu

Monstre invisible

Il est venu
En inconnu
Semer la peur
Et la frayeur
Dans notre vie
À notre insu
Et sans bruit
Frapper les cœurs
Sans retenue
Dans le malheur
Il est connu
Il est petit
En apparence
Mais un ennemi
Plein de puissance
Il a surpris
Par fulgurance
L'humanité
Et l'innocence
Il a surgi
Tout en silence
Pour saccager
Dans l'indécence
Il est partout
Et invisible
Il donne la toux
Et des frissons
Il casse le goût
Et les poumons
Il est venu
Tout habillé
D'un grand mystère
Au goût amer
Il est féroce
Dans sa tenue
Souvent changeante
Et si méchante
Il introduit
La maladie

Il la propage
Et détruit
Toute résistance
Et le courage
Il est venu
Un jour maudit
Semer la mort
Et la terreur
Il est venu
Créer la peur
Tuer surtout
La confiance
Il est venu
Mettre à genoux
Les gens partout
Les plus fragiles
En premier lieu
Il est venu
Casser les liens
Et l'amitié
Chez les amis
Mettre le doute
Dans les familles
Il a aussi
Semé la mort
Et fait pousser
Partout des tombes
Dans un décor
Plein de tristesse
Il a donné tant de blessures
Et des dommages
Au fond des cœurs
Il a cassé
Toute l'harmonie
Et la douceur
De notre vie
Il a fait naître
De la distance
Et, bien surtout

De la méfiance
Une peur immense
Au quotidien
Sans que l'on sache
D'où il vient
Il a créé l'effervescence
Chez les chercheurs
Et les docteurs
Et tous les hommes
De la recherche
Tous dressés
Contre lui
Dans une guerre
Et sans bruit
La lutte est âpre
Et sans merci
La victoire
Reste un défi
Vainqueur sortir
Contre l'ennemi
À l'avenir
Reprendre la vie
Sans muselières
Et comme naguère
Reprendre le train
Et voyager
Prendre l'avion
Et le bateau
Rendre le sourire
À ces visages
Sur le malheur
Tourner la page
Restera seul
Le souvenir
De son passage
Une tache noire
Dans l'histoire
Qui sera là
Toujours vivante

Puissance chimérique

Tu ne peux rien
Contre le temps qui fuit
Tu ne peux rien
Contre ses frappes sévères
Tu ne peux rien
Contre ses griffes puissantes
Qui tailladent ta peau
Tu ne peux rien
Quand les genoux sont à terre
Tu ne peux rien
Ta face dans la poussière
Tu es si fragile
Comme tous les mortels
Tu constates tes limites
En sentant ta faiblesse
Tu es si petit
Du haut de ta couronne
Du haut de ton orgueil

Qui t'aveugle comme toujours
Qui t'empêche de voir
Ton pouvoir limité
Face au temps implacable
Qui t'étouffe et t'accable
Qui t'assène ses coups
Tout en finesse

Et souvent en silence
Dans le silence
De tes cauchemars

Qui hantent ta vie
Tu ne peux rien
Contre la vie qui s'arrête
Au moment inattendu
Tu ne peux rien
Contre le déchaînement

Qui emporte au passage
Tout ce qui est précieux
Qui saccage sans pitié

L'œuvre de toute une vie
Tu ne peux rien
Contre le temps sévère
Qui te ronge chaque jour
Qui t'enlève le charme
Dont tu rêves la nuit
Qui amoindrit ta force
Te laissant la faiblesse
Tu ne peux rien

En tentant de changer

Le cours de ta vie
Tu ne peux échapper
Au circuit de la vie
Tu ne peux rien
Contre le vent qui souffle
Sur les cimes des montagnes
Tu n'auras plus la force
De tenir si longtemps
Te croyant éternel

Fort et omnipotent
Tu ne peux rien
Malgré ta fortune
Tu partiras presque nu
Comme ceux avant toi
Qui ont subi cette loi

En esclave, en roi
Sans distinction ma foi
Tu ne peux rien

Que de te voir frappé
Sans pouvoir riposter
Tu n'auras plus la force
D'acquérir davantage
Te croyant imbattable
Régnant sans partage
Tu ne peux rien enfin
Quand ton regard s'éteint
Quand tes muscles raidissent
Sur la scène de la vie

Dont le parcours s'achève
Devant tes yeux fermés
Et l'échéance fixée
Qui dépasse ton désir
De vouloir acquérir
Tu sentiras mourir

La notion de ta vie
Dans un ultime soupir
De ton corps qui gît

Le magouilleur

Tu te prélasses
Dans ton fauteuil
Sans sourciller
Devant le cri
De ta planète
Qu'on défigure
Et qui subit
Des coups sans cesse
Qui l'affaiblissent
De jour en jour
Devant tes yeux
Que tu détournes
Pour ne pas voir
Car complice
Tu caches ta vue
Pour laisser-faire
Les braconniers
Les ravageurs
Les mercantiles
Qui, te nourrissent
Qui font ta force
Et qui te bercent
Comme un enfant
Pour t'endormir
Tu vas nageant
Dans tes chimères

Sans lendemain
Que créent tes mains
Dans l'ignorance
Et les limites
De ta logique
Tu vois périr
À petit feu
Toutes les richesses
De ta planète
Sans dire un mot
Dans ton silence
Qui te dégrade
Dans l'amnésie
Qui t'a saisi
Et la colère
Qui gronde au loin
Et dont l'écho
Te parvient
Et te secoue
Pour te tirer
De ta torpeur
Tu es assis
Sur un volcan
Que tu nourris
De tes méfaits
Et des malheurs

Que font tes proches
Contre la vie
Et la nature
Qui donne l'air pur
Pauvre ingrat
Et sans cervelle
Par ton laxisme
Et tes combines
Tu as créé la peur
Et la menace
De voir surgir
Un grand malheur
Pour ceux qui naissent
Dans cet espace
Souillé partout
Sous ton regard
Tu serres la corde
Autour du cou
Et de tes mains
Tu serres toujours
Tu dépéris comme un chien
Traînant la patte
Dans le désastre
Qui est ton œuvre

Le déprimé

Il marche le dos courbé
Les jambes arquées
Les mains ridées, écorchées
Les yeux sur l'horizon fixés
Il marche, par une voix, guidé
Celle qui le hantait
Et qui ne le quitte jamais
Restant seul et chagriné
Il marche, tout désespéré
Le cœur plein de regrets
Et tellement bouleversé
Son rêve de plus en plus brisé
Mais, il reste vaillant
Lucide et clairvoyant
Il ne veut pas abdiquer
En se laissant écraser
Par le lourd poids des ans
Il ne veut pas balayer
Tous ses souvenirs vivants
De la belle vie d'antan
À laquelle il s'attache encore
Il marche son train-train
Avec les rêves qui l'habillent
En continuant son chemin
C'était clair pour lui
Le destin l'a décidé ainsi

Il faut accepter son destin
Car tant d'épreuves l'ont secoué
Sa vie fragilisée se rétrécit
Et tend vers le déclin
Il marche dans la solitude
Secondé par son silence
Il n'est plus maître de sa vie
Il voit son corps amaigri
Et ses facultés mentales amoindries
Tout est altéré en lui
Rien ne le fait plus sourire
Il se laisse lentement croupir
Perdant chaque jour ses repères
Parmi le temps qui s'enfuit
Discret effet qui détruit
Sa force et son énergie
Comme cette feuille qui jaunit
Ou ce fruit qui pourrit
Tombant par terre et s'oublie
Il marche sur le chemin perdu
Glissant du corps vers la mort
Venant lentement sans bruit
Un beau matin ou la nuit
L'étreindre une dernière fois
Éteignant ainsi sa voie
Mettant à sa vie une croix

Halte !

Laissez les gens passer
Enlevez vos barricades
Laissez-leur la liberté
Un espace pour respirer
Une chance pour espérer
Laissez l'enfant dessiner
Librement sans brimades
Laissez l'eau s'écouler
Dans un chant en cascade
Effacez les frontières
Et tous les murs érigés
Abattez toutes les barrières
Avec les autres, échangez
De belles paroles charnières
Afin de les rapprocher
Éloignez toutes les chimères
Et le climat délétère
Qui font du mal à la vie
Laissez les penseurs tisser
Les fils de fraternité
Prenez part, participez
À cultiver l'espérance
Pour un lendemain meilleur
Pour une société sans peur
À la recherche du bonheur
Que vous emprisonnez
En tuant la tolérance
Et en semant la méfiance

Sortir dans l'espace

Laissez-moi rêver
Regarder l'étoile
Admirer le ciel
M'ouvrir à la vie
Oublier le stress
Des villes étouffantes
Oublier ces gens
Qui courent essoufflés
Qui passent leur chemin
Sans voir les autres
Poussés vers l'avant
Dans la pollution
De ces grandes cités
Qui déchirent le cœur
Qui malmènent le corps
Et les esprits
Laissez-moi sentir
Ce parfum de vie
Que dégagent les fleurs
Respirer le calme
Admirer les vagues
Marcher sur le sable
Écouter la terre
Et entendre le vent
Qui vient de la mer
Créant une musique
Qui apaise l'âme
Et efface la peur
Qui donne l'espoir
Et crée le sourire
Laissez-moi rêver
Comme cet homme fou

Qui se voit roi
Sans avoir de sous
Dans sa liberté
Et sa modestie
Dans l'espace infini
Où les gens se parlent
Sourient à la vie
S'adressent la parole
De fraternité
Envoient un geste
De vraie amitié
Avec l'innocence
Acquise de l'enfance
Un petit bourgeon
Signe de la vie
Qui va embaumer
L'atmosphère bénie
Laissez-moi rêver
Dans le petit coin
Qui me rend heureux
De partir au loin
Cueillir une fleur
Qui donne le bonheur
Qui berce le cœur
Qui bat pour la vie
Laissez-moi rêver
Parmi le silence
Sentir la rosée
Du petit matin
Respirer cet air
Qui apaise l'âme

La rendant légère
Et en communion
Avec l'esprit
Laissez-moi rêver
De tant d'autres choses
Que je ne saurais dire
Avec cette douceur
Qui plane dans le ciel
Au fond de la nuit
À travers les champs
Et les grands espaces
Oublier les gens
Qui courent sans relâche
Dans les souterrains
Sombres et puants
Pour gagner leur vie
Dans le tintamarre
Des machines qui roulent
Et les cris stridents
Des rails qui frissonnent
De ces grandes villes
Qui retiennent bien
Dans leurs tentacules
Tous ces citadins
Qui souffrent en silence
Laissez-moi rêver
Face à l'horizon
Ouvert sans limite
Profiter enfin
Des petits détails
Souvent négligés

Ma mère

Comme la lumière
Du disque solaire
Qui éclaire la vie
Comme la terre
Belle et nourricière
Aux bienfaits infinis
Tu es mère
Être le plus cher
Qui n'a pas de prix
Je clame ta valeur
Du fond de mon cœur
Ma source de bonheur
Je t'offre cette fleur
En reconnaissance
À ton cœur sincère
Depuis ma naissance
Quand tu me berçais
Quand tu me chantais
Quand tu me caressais
Et quand tu veillais
Pour que je grandisse
Dans la bonne humeur
Dans la tendresse
Tu me protégeais
Comme une forteresse
J'ai pris confiance
De ton importance
Au cours de ma vie

Et aujourd'hui
Même si j'ai grandi
Tu es toujours là
Pour me dire un mot
Chargé de douceur
Qui soulage le cœur
S'il était possible
De bien te garder
Et te préserver
Durant toute ma vie
Je serais parti
Chercher la potion
À travers le monde
Et les océans
Pour te l'amener
Je voudrais te dire
Que tu seras là
Et toujours vivante
Malgré le temps
Qui aura soufflé
Pour éteindre ton âme
Et ton beau sourire
Tu incarneras
La douceur de vivre
Et je te verrai
Comme un ange
Qui dort

Est-ce ça la vie ?

Et maintenant
Qu'allons-nous faire
De tout ce temps
Que nous passons
À ne rien faire
À moins de dire
Que le temps passe
Bien autrement
Et différemment
Pour se donner
Une nouvelle vie
Une autre optique
De s'orienter
Vers l'inconnu
Comme autrefois
Aux premiers pas
De cet enfant
Encore fragile
Tout titubant
Qui voit au loin
De gros nuages
Et des éclairs
Qui l'amusaient
Et des oiseaux
Auxquels il court
De toutes ses forces
Pour se hisser
Au grand ciel
Si fascinant

Qui le subjugue
C'est cet enfant
Qui devient là
Ce vieux monsieur
Cette vieille dame
Aux dos arqués
Aux cheveux gris
Qui ont couru
Qui ont bossé
Pour faire une vie
Pour faire leur vie
Est-ce ça la vie ?
Que de manger
Et respirer
De calculer
À chaque minute
Ses petits gains
D'un geste mesquin
Au quotidien
Comme tout le monde
Avant eux
Gens malheureux
Si tourmentés
Par la dure vie
Qu'ils ont menée
Qu'ils ont gravée
Sur leurs vieilles mains
Toutes écorchées
Laides et ridées

Dans leur souffrance
De voir l'image
De ces enfants
Si angéliques
Dénaturés et malmenés
Par la rudesse
Et la folie
Du monde toujours
Aussi cruel
Qui les malmène
Pour les tuer
À petit feu
Et en silence
Qui ronge leur peau
Dans la douleur
Qui saigne leur cœur
En mesurant
La force donnée
Pour un retour
Si dérisoire
Est-ce ça le prix
À recevoir
D'avoir passé
Son existence
À s'épuiser
Dans son labeur
En espérant
Devenus vieux
Vivre heureux ?

Partir ou périr

Beaucoup rêvent de partir
Loin, hors des frontières
Ils veulent bien franchir
Les imposantes barrières
Qui veulent les engloutir
Toujours dans la misère
Ils cherchent, au loin partir
La tête pleine de songes
Réussir ou bien mourir
Sans jamais jeter l'éponge
Ils ont perdu l'espoir
Qu'ils tentaient de maintenir
Il y a tout pour décevoir
Coupant toute envie d'agir
Ils voient leur ciel noir
Menaçant, toujours pire
Ils ont du mal à croire
À un quelconque avenir
Leur force est la jeunesse
Qui s'ouvre pour s'épanouir
Leur ennemi est la paresse
Combattue par l'énergie
C'est eux la vraie richesse
Pour édifier ce pays
Qui est frappé d'inertie
Dont le rendement baisse
À cause des vieux charognards
Qui puisent sa substance
Depuis de longues décennies
Le pillant sans scrupule

Pour faire de gros profits
Qui demeurent leur seul souci
Ignorant la force vive
Que représente la jeunesse
Ils la poussent à la dérive
Par des méthodes oppressantes
Ils la mettent dans la détresse
Alimentant un stress
Qui la secoue et la blesse
Dans la douleur qui progresse
Les jeunes n'ont rien à perdre
Car ils ont tout perdu
Alors, ils partent résolus
Vers d'autres cieux cléments
Leur seul espoir de vie
Est de sortir du pays
Ils partent le cœur brisé
Mais la tête pleine de rêves
Ils savent que la vie ailleurs
Ne leur sera que meilleure
Ils partent toujours nombreux
Laissant pays et parents
Touchés dans leur dignité
Dans leurs pays humiliés
Ils vont vers la lumière
Mettant en péril leur vie
Cette vie si meurtrie
Étouffée par la menace
Qu'ils espèrent sera guérie
En quittant leur patrie

Sur la marge

Mon vieux ça sent ta fin
Assis là, aujourd'hui
Dans ce trottoir pourri
Et ta carcasse meurtrie
Autrefois tu rayonnais
Mais là, tu fais pitié
Tu encaisses et tu subis
Froid et intempéries
Même tes yeux t'ont trahi
Tu ne peux plus voir
Les beaux jours qui fuient
Il t'arrive quelquefois
Et, c'est étonnant ma foi
Que ton visage s'illumine
D'un sourire tout timide
Comme pour signifier
Que la vie continue
Malgré ta solitude
Et une certaine lassitude
De ta vie bouleversée
Par une vague de regrets
Je venais bien souvent
Dans le silence du soir
Et je restais en retrait
Face à ton regard éteint
Et je suivais tes gestes
En écoutant tes paroles
Murmurées dans le vide
En caressant les rides
De tes mains rigides
Et tellement écorchées
Tu n'as plus d'illusions
Tu n'as plus d'espoirs

Mais tu restes bien lucide
Tu sais qu'il va falloir
Accepter les déboires
Et tous les coups de boutoir
Que te réserve la vie
Qui décline chaque jour
Je te voyais tendre l'oreille
On dirait qu'on t'appelle
Dans ce coin lugubre
Dans ce lieu insalubre
Où t'a largué la vie
Comme un vieux chien
Qui ne vaut plus rien
Tu traînes ta carcasse
En fardeau inutile
Oubliant même le temps
Qui t'habille de tristesse
En t'exhibant des moments
De ta magnifique jeunesse
Alors par enchantement
Tu te mets à sourire
De plus en plus fort
Et les éclats de rire
Déchirent le silence
De la nuit obscure
Et des jours qui torturent
En attendant ta fin
Qui tarde à venir
Arrêter cette horloge
Qui bat dans ton cœur
Et tes yeux inutiles
Que l'espoir a fui
Discret sans bruit

La volonté

Dans la blancheur du matin
Avant que le soleil ne se lève
À l'aube des gelées Naissantes
Nous avons pris le chemin
Nos têtes pleines de rêves
Dégringolant en descente
Toujours descendant sans fin
Encore des efforts sans trêve
Sous le givre un peu glissant
Sous le voile de brume blanc
Et les verglas craquants
Éparpillés sur les flancs
Rendant les rayons aveuglants
Nous descendons bien en rang
Tous se tenant par la main
Nous étions une seule cordée
Reliés et bien soudés
Qui progressons en serpentant
Résolument bien décidés
À aller bien vers l'avant
Et sans reculer d'un cran
L'objectif de la traversée
Étant d'atteindre un plan
Et réaliser un défi

A la volonté soumis
Descendre la cime enneigée
Entre les parois se faufiler
Passant à travers la buée
Qui formait un épais écran
Une descente bien saccadée
Calculée et si bien rythmée
Nous éloignant de la cime
Dans le vide vers l'abîme
En douceur nous atterrîmes
Sur le sol nos pieds posés
Notre cœur a débordé
Et la joie a explosé
Soulagés par la victoire
De l'effort si méritoire
Notre première victoire
Un exploit pour la vie
Par la volonté, accompli
De tous les efforts réunis
Malgré le temps qui fuit
Cela nous a réjouis
En communion, bien séduits
Bien unis dans l'effort
Et la volonté qui rend fort

Le paysan

Comme l'abeille qui butine
Comme la fourmi qui amasse
Chacun à sa manière
Au printemps pour l'hiver
C'est le cas de cet homme
Qui se lève chaque matin
Sans relâche, motivé
Pour vaincre l'imprévu
Le besoin et l'inconnu
Décidé de bonne heure
Et les manches retroussées
À tirer de sa force
La sève dans l'écorce
Pour nourrir ses enfants
Il va en redoublant
Ses efforts pour gagner
À la sueur de son front
À l'image de ces insectes
Qui se démènent partout
Pour subvenir aux besoins
Comme la petite fourmi
Patiente et inlassable
Comme la frêle abeille

Qui résiste au vent
Qui va de fleur en fleur
Résolue dans sa patience
Tout habillée de pollen
Un petit cœur qui bat
Et qui pousse vers la vie
Insufflant l'énergie
Chaque jour renouvelée
Pour cueillir le fruit
Arrosé de sueur
Dans le dur labeur
De cet homme décidé
De cet être motivé
Qui s'active à creuser
Le sillon de sa voie
Et pour faire un chemin
L'espérance de demain
Un sourire sur les lèvres
Et des mains écorchées
Poursuivant son œuvre
Le regard orienté
Toujours vers l'avant
Optimiste dans l'élan

Le montagnard

Tu as choisi de vivre
En hauteur des montagnes
Tu n'as pas peur du givre
Qui blanchit les campagnes
La nature est ton livre
Sa majesté t'accompagne
Tu es fier du choix
Car ta vie est comblée
Sur ton visage se voit
Une grande sérénité
Tu as tracé ta voie
Dégagée toute tracée
Du haut s'envole à pic
Ton âme en liberté
La vue est très chic
Ouverte, jamais fermée
Du parfum autour de toi
Les mélodies des oiseaux
Tu es heureux, ma foi
Dans ton monde si beau
Tu es un petit roi
Une vie que rien ne vaut
Ta maison est minuscule
Dessinée dans la roche
Elle est belle au crépuscule
À la montagne elle s'accroche
Chez toi la joie circule
Tout est beau, rien n'est moche

Comme un jouet

Tu es traité
Comme un jouet
Partout traîné
Sous le fouet
Une feuille morte
Flottant sur l'eau
Au gré du courant
Telle une plume
Qui va dans l'air
Soufflée par le vent
Tu vas sans envie
À travers ta vie
Et le temps qui passe
Parfois tu ris
Quelquefois tu cries
Sans aucune raison
Tu vas dans tes rêves
Et dans tes cauchemars
Tu te perds un peu
Dans tes souvenirs
Sans pouvoir agir
Tu as pourtant tout
Pour te relever
Cueillir le fruit
Et changer ta vie
Tu sembles moisir
Sas aucun plaisir
Dans ta solitude

Et dans ta mollesse
Il faut réagir
Et te départir
De ta lassitude
Dans ton coin lugubre
Où ta vie s'effrite
Rongée par le temps
Tu vas au hasard
Drôle et bizarre
Refusant de dire
La cause du blocage
Qui saccage ton âme
Toujours en souffrance
Tu n'as pas envie
De faire des efforts
Pour changer ton sort
Même ton entourage
Te trouve mystérieux
Tu le décourages
Par ton attitude
Par tes habitudes
Qui, te tiennent figé
Triste et négligé
Dans ta conscience
Et ta volonté
De rester muet
Semant le mystère
Au sein de ta vie

L'appât

Chacun se réveille
Poussé par l'envie
De gagner sa vie
D'avoir davantage
D'étendre son pouvoir
De gagner partout
D'amasser encore
Toujours sans limite
Chacun se démène
Du matin au soir
Animé d'envie
D'avoir tout à lui
Parfois sans le dire
Poussé vers l'avant
Par son instinct
Courir sans arrêt
Vers cet inconnu
Qui miroite au loin
Courir chaque matin
Courir même le soir
Chercher sans relâche
Le bonheur qui fuit
Chacun se réveille
Quand il est trop tard

Pour se rendre compte
Qu'il a trop couru
Et en négligeant
De vivre sa vie
Dans sa frénésie
En allant si vite
Sous le poids d'un temps
Qui réprime la joie
De sentir les choses
Qui décorent la vie
Le poids qui l'écrase
Sans pouvoir changer
Les choses qui s'entassent
Pour l'ensevelir
Sous le poids des ans
Qui ronge son corps
Et le serre trop fort
Pour le mettre à terre
Le plus tôt possible
Laissant sa fortune
Au loin scintiller
Sous ses yeux blessés
Le cœur meurtri
Gisant dans son lit

À chacun son rêve

À chacun son rêve
À réaliser
À chacun un chemin
À emprunter
À chacun un rythme
Pour évoluer
Vers un lendemain
Espéré meilleur
Et plus il avance
Vers sa destinée
Il prend conscience
Des choses de sa vie
Pour écrire une page
D'un désir intense
Dans ce monde vaste
Où la vie fleurit
Où chacun fonce
Pour saisir sa chance
D'un pas soutenu
Pour atteindre le but
Qu'il aura visé

Cueillir le fruit
Qu'il aura ciblé
À chacun sa lutte
Pour sa réussite
Forcer le destin
Et suivre sa voie
Mesurer ses choix
Sans excès de zèle
Chacun a la chance
De cueillir la rose
Que lui offre la vie
Malgré l'épine
Qui peut l'écorcher
À chacun sa force
Pour le seconder
À chacun son rêve
À réaliser
À chacun sa fougue
À canaliser
Et un concurrent
Pour rivaliser

Doutes et espoirs

On est resté là
À se regarder
Sans se dire un mot
Dans ce coin lugubre
Où chacun attend
Que l'autre commence
Que quelqu'un parle
Et brise le silence
Qui devient pesant
Mais rien ne se passe
Dans le temps figé
Seule la voix du vent
Murmure quelque chose
En fuyant au loin
À travers les champs
Où tout est muet
On est resté là
À se regarder
En étant heureux
De se retrouver
Et sans s'ignorer
Le cœur si léger
Qui peut respirer
L'espoir vivant
Comme au premier jour
De notre rencontre
On a soif des mots
Qui faisaient vibrer
La fibre de l'âme
Du lien établi
Noué pour la vie
Mais là, le silence
Paralyse nos sens
Et nous glace le cœur
Soudain, une lumière
Éclaira l'espace
Et l'ange apparut
Vêtu d'espoirs
Pour exorciser
Le mal qui nous ronge
Et ce mal étrange
Freinait notre élan
De l'un vers l'autre
C'est depuis ce jour
Qu'on est devenu
Soudés et unis
Et ce, pour la vie
On est resté là
À se regarder
Et à se parler
À se dire des mots
Et encore des mots
Sous le ciel bleu
Avec des étoiles
Prises comme témoin
De la renaissance
D'un amour intense
Du lien qui nous lie
Jusqu'à l'infini

Mon oiseau

Au firmament
Vole un oiseau
Il est charmant
Bien dans sa peau
Et tellement beau
Son sifflement
Dans les roseaux
Au chant du vent
Il fait des sauts
Dans le buisson
Puis vole haut
Avec des sons
Que j'aimais tant
Je l'admirais
Depuis longtemps
Et je l'aimais
Avec passion
Il le savait
Petit mignon
Je l'appelais
Bien souvent
Et il venait
Sur mes genoux
Pour me chanter
Ce qui est doux
En s'élevant
Au firmament
Je le voyais
Au loin, devant
Étincelant et pétillant
Tout doucement
Comme un papillon
Il s'élevait
Élégamment
Dans son espace

En liberté
Si je l'appelle
Il redescend
Piquant pareil
À un flocon
Il m'émerveille
Il me fascine
Je le dessine
Il illumine
Ma vie d'enfant
En me levant
En me couchant
Je vis de lui
Et pour lui
Je suis heureux
Et plein les yeux
De ce manège
De petits jeux
Qui, me délassent
De mieux en mieux
En harmonie
Et bien unis
Il monte au ciel
Battant ses ailes
Et je suis là
À surveiller
Et à veiller
Le regardant
Faire des pirouettes
Ouvrant ses ailes
Malgré le vent
Je suis l'enfant
Qui court après
Un bel oiseau
Si attachant

Il me regarde
Tantôt volant
Allant toujours
En gazouillant
Tout près de moi
Et je le vois
Il m'exprime
Sa grande joie
Son amitié
Envers Moi
Petit enfant
Émerveillé
Très attaché
À un oiseau
Qui donne envie
Et d'espérer
Toujours mieux
Devant les yeux
À l'horizon
Me saluant
Levant son aile
En me sifflant
Un air sincère
Plein de lumière
Et de couleurs
Les jours passant
Et notre cœur
Vit le bonheur
Comme une fleur
Pleine de senteurs
Épanouie
Comme je le suis
Petit enfant

Séparation ambiguë

Il t'a parlé
À demi-mot
Il t'a quittée
Beaucoup trop tôt
Avec regret
Mais aussitôt
Il a gardé
Un peu de toi
Un doux visage
Une douce voix
Il est parti
Loin de ta vue
Il a repris
La voie voulue
Il se souvient
Tu as souri
Levant la main
Avec dépit
Un petit brin
De mélancolie
Il prit le train
Dans un bruit
Tu as senti
Ta solitude
Et sur ta joue
Une larme chaude
Pareil à lui
Serrant les poings
Pour étouffer
Son désarroi
Au fond du cœur
Rien n'est dit
Sauf la douleur

Qui contredit
Les beaux sourires
Bien esquissés
Moment intense
De souvenirs
Et chacun pense
À l'avenir
Qui reste flou
Et ambigu
Avec une boule
Qui serre la gorge
Dans ce décor
Que fige le temps
Par un moment
De solitude
Par un moment
De lassitude
Où l'espoir
Pourtant existe
Et laisse voir
Une autre piste
De se revoir
Et de revivre
Son aventure
Encore intense
Écrire une page
Pleine d'images
De jolis mots
Qui donnent chaud
Pour repartir
Du bon pied
À la conquête
Du grand bonheur

Mémoire d'enfant

Il est marqué
Par l'image
Qu'il a vécu
Dans son enfance
Enfant pleurant
Du fond du cœur
Devant son père
Dont il est fier
Gisant mort
Comme s'il dort
Mais à jamais
Il est hanté
Par cette odeur
Parfum de fleur
Et tous les yeux
Rougis de pleurs
Pour ce malheur
Venu si vite
Sans avertir
Il est marqué
Par le bouquet
De beaux œillets
Qu'on déposa
Sur le cercueil
Qui brille à l'œil
Par ses reflets
Pleins de tristesse

Il est marqué
Par cette image
De voir son père
Restant muet
Et immobile
Ne sentant pas
Sa petite main
Qui le caresse
Et la voix douce
Qui lui chuchote
Des mots d'amour
À son oreille
Par son enfant
Si agressé
À ses côtés
Par l'injustice
De la faucheuse
Venue si vite
Le séparer
De l'être cher
Qui est son père
Et meurtri
Par cette absence
Qu'il va falloir
Vite combler
Pour continuer

À espérer
Vaincre le mal
Et consoler
Le jeune cœur
Qui a du mal
À contenir
Cette émotion
Qui le déchire
Et la mémoire
Qui a du mal
À supporter
L'image terrible
Et si horrible
Près de son père
Gisant par terre
Sous les regards
Presque éteints
De tous ces gens
Restant muets
Dans un silence
Épouvantable
Qui fait souffrir
La jeune mémoire
Si bouleversée
Et sans pouvoir
Rien changer

Jour funeste

Je sens ton cœur
Qui bat encore
Sous les décombres
Et les gravats
Je vois la peur
Sur les visages
Et tant de larmes
Jaillir des yeux
Je reste là
Les bras ballants
Dans le brouillard
Et la poussière
Je sens la mort
Et la souffrance
De tous ces gens
Si meurtris
Mis à genoux
Par le séisme
Qui a frappé
Sans avertir
De sa venue
Tu es parti
Mon cher ami
Sans dire à Dieu
À ta famille
Frappée au cœur
Par ton départ
Maudite secousse
Qui a surgi
Comme dans la brousse
Ôter la vie
Je hais ce jour
Où je n'ai pu
Venir t'aider
Et te sauver
Je hais la pierre
Qui t'écrasait
De son poids
Pour t'étouffer
Je garde de toi
Ton beau sourire
Envers moi
Tu es parti
Vers d'autres cieux
Très jeune encore
Sans être vieux
Je suis marqué
À tout jamais
Par ce malheur
Qui a frappé
Au fond du cœur
Qui saigne encore

Seul dans la nuit

Tu poursuis en silence
L'étoile qui scintille
Dans le ciel bleu
Au fond de la nuit
Le ciel si immense
Éclairé qui brille
Comme de mille feux
Calme, sans bruit
La lumière intense
Efface tout le gris
Du relief creux
Qui te poursuit
Tu entends tes pas
Dont l'écho résonne
Déchirant le calme
De ce grand silence
Pour aller plus loin
Avec l'espoir
De voir de plus près
Ta superbe étoile
Qui fige le regard
Dans l'immensité
De ce grand espace
Elle te semble fuir
Se cachant parfois
Derrière un nuage
Venu par hasard

Étendre son aile
Avant de passer
Libérant la face
De ta belle étoile
Un temps, disparue
Te créant un vide
Dans le ciel bleu
Que tes yeux scrutent
Avec l'espoir
De voir resurgir
La petite étoile
Qui captive ta vue
Par son énergie
Qui génère la vie
Au fond de la nuit
Où seul le silence
Entend le bruit
Qui descend du ciel
Pour nourrir la vie
Qui pousse lentement
Au fond de ton cœur
Qui sent le bonheur
À la vue du ciel
Où l'étoile scintille
Au fond de la nuit
Dans la solitude
Qui réchauffe ton âme

Vois ton monde

Vois autour de toi
Chaque jour
Que Dieu sait
Des spectacles s'y
déroulent
Les uns bas et odieux
D'autres si fantastiques
Dont certains magnifiques
Quelquefois désespérants
Et parfois réconfortants
Égayant la vie

Ou attristant le décor
Des miracles se produisent
Et des drames surviennent
Donnant à réfléchir

Donnant à méditer
Même un instant

Et l'évidence est là
Tu ne sais pas regarder
Et tu ne sais pas voir

La vie autour de toi
Car celle-ci est rythmée

Par la cupidité
Et par ton égoïsme
Signe de ton orgueil
Tu ne penses qu'à toi
Tu effaces peu à peu
L'existence des autres
Mais le temps te rattrape
Et te pique les yeux
Pour bien les ouvrir
Sur ta propre vie
Que consument les jours

Et que ronge l'ennui
En silence, sans bruit
Comme la vie du chien
Seul et délaissé

Loin de la douceur
Et loin de la beauté
Quand tu lèves les yeux

Tu vois ta laideur
Tu sens ta frayeur
Que tu as enfantée

Seul, par ta volonté
De l'être enfermé

Dans ta fragile coquille

En homme solitaire

Naufragé volontaire
Qui ne veut pas voir

Ce qui mérite d'être vu
En allant dans le mur
Regardant dans le vide

En détournant les yeux
De la souffrance des
autres
Qui, te regardent pourtant
D'un regard fraternel
Qui dégage la lumière
Qui éclaire ton chemin
Tu es bercé par le gain
En vivant de chimères
Te disant omnipotent
Fort et si puissant
Qui écrase au passage
L'existence d'autrui
Pour cueillir le fruit

Venu sans effort
Cultivant le mépris
En homme arrogant
Mais, quand vient ta fin
Effritant ton destin
Tu te vois impuissant
Aussi faible qu'une
mouche
Crevant dans un coin
Sans secours ni pitié
Mourant dans la souffrance
Terrassé de remords
Pour avoir gâché ta vie

À fuir la lumière

Et la présence des autres
Qui sont tes semblables
Qui s'activent sur la terre
À produire le confort
À construire le décor
Dans lequel tu vis
Mais sans reconnaissance
Leurré par ta puissance
Qui vient te ruiner
Te jetant à genoux
Sans force ni richesse
Dans ton monde obscur
Vidé de ta force
Isolé du monde
Que tu méprisais
Par ton arrogance
Et ton ignorance

Ombre fuyante

Tel le vent
Tu te faufiles
Entre les murs
Et les buissons
Tu chuchotes
Dans les bosquets
Tu caresses tout
De tes mains invisibles
Tu es partout
Mais insaisissable
Tu es loin
Et si proche
Je te vois partout
Tu passes
Sans me voir
Je t'appelle en vain
Tu passes ton chemin
Sans me regarder
En courant toujours
Sans te retourner
Tu as peur de quoi ?
Tu as peur de qui ?
Pour fuir comme ça
Dans ta frénésie
Je veux le savoir
Pour être apaisé
Et chasser le doute
Sur nos liens tendus
Les liens qui nous lient
Au cours de la vie
Dis-moi si tu veux
Vivre encore ici
Nettoyer ta vie
De tous les soucis
Je veux voir sortir
Un mot de ta bouche
Devenir la fleur
Cueillir l'espoir
Chargé de lumière
Pour chasser la nuit
Offrir la douceur
Un peu de chaleur
À ce que l'on vit
Et qu'on a vécu
Je veux te le dire
Tenter de guérir
Et bien réfléchir
À notre avenir
Qui miroite au loin
Toujours aussi beau
Que tu as omis
De ressusciter
Par ta volonté
Pour mettre en place
Un nouvel élan
Et semer la graine
D'une vie nouvelle
En restant ici

S'éteindre

Tu retourneras
À la terre nourricière
Où tu as vécu
Tu retourneras
Dans ta bière
Léger presque nu
C'est ta dernière
Vers cet inconnu
Loin, dans les cieux
Dans le vide creux
Tu retourneras
Comme tes frères
Partis avant toi
Vaincus par la loi
Qui régit la vie
Tu retourneras
Sous la pierre dure
Comme c'est écrit
Dans ta destinée
Tu retourneras
Près de ton Dieu
Le maître des lieux
Où tu seras heureux
Retrouver ton père
Retrouver ta mère
Pour une autre vie
Tu retourneras
Un matin ou un soir
Et sans le savoir
Pour le grand départ
Pour la vraie demeure
Sans avoir peur
Car l'horloge claironne
Que Dieu te pardonne
Quand l'âme t'abandonne
En quittant les tiens
Et ceux qui t'entourent
Tu retourneras
Vers ce lieu secret
Dont personne ne sait
De ce qu'il renferme
Quand les yeux se ferment

Le bienfaiteur

Depuis qu'il partage
Il ne manque de rien
Il s'est engagé
À promouvoir le bien
Envers les gens de passage
Qui expriment le besoin
Il leur offre le breuvage
Le confort et le soin
Il les reçoit en frères
Les aidants dans le voyage
Comme ses aînés naguère
Faisaient passer le message
Ne jamais laisser sur terre
Un homme sans aiguillage
Lui montrant le chemin
L'orienter dans son sillage
Il fait tout pour satisfaire
Par l'aide et le partage
Offrir un pain et un verre
En modestie comme langage
C'est une valeur si chère
Qui se lit sur son visage
Il l'a reçue de son père

Il la garde en héritage
C'est la force et la lumière
Pour le cœur de ce Bédouin
Il ne laisse jamais le frère
Par hasard, qui le rejoint
Il sillonne les pâturages
Cherchant l'herbe, en tout coin
Sa femme fait du tissage
Et donne au bétail du foin
Sa maison n'a qu'un étage
Elle ne connaît le besoin
Ils sont des gens heureux
Qui vivent au naturel
Ils sont très audacieux
D'une bonté exceptionnelle
La fierté étant témoin
Porte-drapeau de demain
L'homme est bien convaincu
D'avoir plus en donnant
Chaque fois, il est ému
De voir les autres souriants
Soulagés en les aidant

Paix de l'âme

Je suis sur cette plage
Envahi de confort
Ça n'est pas un mirage
C'est un sentiment fort
Fasciné par l'image
Et la beauté du décor
La vie est délicieuse
Sur ce lieu silencieux
Sous un ciel joyeux
Où les choses sont jolies
Des couleurs, de la magie
Au loin, à l'infini
Ici, tout m'inspire
Sous la lumière des étoiles
Et la surface qui miroite
D'où jaillit la douceur
Mêlée à des senteurs
Qui semblent venir de loin
Me rejoindre dans ce coin
Parmi le grand silence
Le plaisir si intense
Et une paix immense
Je sens la plante fleurir
Et la rose s'ouvrir
Ainsi pour mûrir
Invitant à la vie
Mon âme qui se remplit
D'une nouvelle énergie
Un sentiment qui délivre
Me permettant de voir
La beauté qui enivre
En savourant la joie
Qui se développe en moi
Sentir chaque instant
En un plaisir de rêve
Ce soir vivifiant
À vivre sans trêve
C'est un temps fuyant
Dont la durée est brève
Je me sens emporté
Si haut dans les airs
Comme un enfant bercé
Doucement par sa mère
Par la brise, chatouillé
Dans la bonne atmosphère
Tous mes sens éveillés
Pour bien me satisfaire
Par ce désir frais
Prêt à me distraire
Dans ce décor magique
Et tellement magnifique
Que j'ai une grande peine
À sortir et à m'y extraire

Planète menacée

Quand les fleurs faneront
Quand les abeilles mourront
Nous le regretterons
Car les hommes souffriront
Et à leur tour mourront
Sans efforts entrepris
Pour la vie et l'écologie
Tout sera alors détruit
Les hommes n'ont pas compris
Le crime que la nature subit
Car elle est meurtrie
Et ils ignorent son cri
Nous constatons aujourd'hui
Que le gain les éblouit
Bien hantés par le profit
Des conventions ils font fi
Par leurs intérêts aveuglés
Sourds aux chercheurs qui crient
Pointant du doigt le danger
Les massacres que la nature subit
Devant les yeux anesthésiés
Des pantins qui sont mis
À gouverner les pays
Les peuples pourtant crient
Dénonçant leur inertie
Et la sordide hypocrisie

Qui, les mettent souvent, à nu
Ils entendent pourtant les cris
Pour la protection de la vie
Qui réclame en urgence
De dire haut « ça suffit ! »
À l'égoïsme qui détruit
La belle nature sans merci
En produisant leurs méfaits
Qui restent souvent impunis
Piétinant toutes les lois
Les règles et le droit
Je crie au nom de la vie
Et de toute mon énergie
Pour réveiller les consciences
Et condamner avec puissance
Au nom de l'innocence
Et des espoirs immenses
D'œuvrer avec bon sens
Pour arrêter le massacre
Et sauvegarder la planète
Pour les générations futures
Qui de visu constateront
L'héritage que nous leur léguerons
Tout sauf désastreux
Qui sera « honte » pour leurs aïeux

Tête haute

Lève-toi et marche
En allant devant
Fixant l'horizon
Le regard au loin
Je tiens ta promesse
De viser la cible
D'un œil avisé
Et bien décidé
Par ta volonté
Vers ton objectif
Que tu as tracé
De ta propre main
Fruit de demain
Poussé par le rêve
Et par la raison
Sans baisser les bras
Devant l'obstacle
Qui barre le chemin
Pour semer l'échec
Et courber l'échine
De cet audacieux
Qui reste immuable
En tenant debout
Le regard lucide
Que je vois toujours
Briller en toi
Depuis ton enfance
Lève-toi et marche
En serrant les dents
Devant les critiques
De tes concurrents
Ne baisse pas les yeux
Face à tes rivaux
Pour les défier
À ton cœur qui bat
Volonté intense
Qui te donne la force
De garder le cap
Le sourire aux lèvres
Rempli d'honneur
Pour cueillir la fleur
De la victoire
Et tracer le trait
Qui fait le chemin
Qui te mène au loin
En restant debout
Dans la dignité

Vivre sa vie

la vie est si courte
Il faut l'apprécier
À sa juste valeur
Souvent négligée
Parfois oubliée
Sauf dans le malheur
Et devant la mort
Qui rappelle la vie
Et sa vraie valeur
Pour les gens pressés
Qui oublient le temps
Les petits instants
Qui font le bonheur
Qui met dans le cœur
Ses effets de joie
Et de la beauté
Ces choses négligées
Parfois ignorées
Par l'homme pressé
Qui court à la ruine
De sa propre vie
Et des jours qu'il vit

Moroses, sans saveur
Qui donnent la rancœur
Qui le détruit
Et qui l'amenuise
Le laissant seul
À se lamenter
Regrettant sa vie
Qu'il voit moisir
Et se dépérir
Oubliant la graine
Dans le sol aride
Qu'il a délaissée
En courant sans cesse
Derrière les chimères
Qui miroitent au loin
Et qu'il poursuit
Rêvant jour et nuit
De tirer profit
De sa frénésie
Qui le tue chaque jour
Qui effrite sa vie
Souvent en silence

Cartésien et positif

Tu vois l'avenir
En espérance
Tu fais des projets
En consistance
Bien éclairés
Et si intenses
Pleins d'optimisme
En l'occurrence
Tu vois la lumière
Jaillir de loin
Venir éclairer
Ton beau chemin
Tu vois fleurir
Tous les recoins
Semés de bourgeons
À éclore demain
Tu sens le bonheur
Près de la plage
Et tu vois la vigne
Tout en feuillage
Tu distingues bien
Un grand rivage
Qui te renvoie
Une belle image
Tu vois les mouettes
Planer au ciel
Qui étalent au loin
Un riche plumage
Et le temps s'écoule
Souvent en silence
Un vrai bonheur
S'empare de ton cœur
Devant la magie
Où fleurit la vie
Sans inquiétude
Donnant l'énergie
Tu fais de ta main
L'assise de demain
Sur laquelle tu poses
Une jolie bougie
Afin d'éclairer
Le ciel ébloui
Qui guide ta pensée
Et qui te salue
Tu es cartésien
En faisant bien
À chaque jour passant
L'espoir naissant
Un grand pas
Vers ta réussite

L'impitoyable

Au temps qui fuit
Comme un voleur
Laissant des traces
Qui enlaidissent
Je le maudis
Du fond du cœur
Et je l'accuse
Pour ses méfaits
Ses actes ignobles
Qui, nous ravagent
Dans le silence
Signe évident
De lâcheté
Lui, le bourreau
De la beauté
Sans avertir
Il creuse les rides
Sans se soucier
De la blessure
Qu'il inflige
Il aime jouer
À faire du mal
À faire la nuit
Au cœur du jour
Il crée le vieux
Dans la jeunesse
Il est cruel
Et il s'amuse
Avec les gens
Qui n'ont rien fait
Que d'être beaux
À saccager
Leur harmonie
Et leur vie
Au fond de l'âme
Les meurtrit
Sans permission

Et sans raison
Il nous assène
Ses coups violents
En insolent
On le déteste
On le maudit
On l'implore
De se finir
Et de partir
Il est vicieux
Et pernicieux
On le supplie
D'être concis
D'avoir pitié
Le redoutable
L'insaisissable
Qui rend les gens
L'échine courbée
Sans scrupule
Sous sa cognée
Impitoyable
Qui cogne encore
Et davantage
Sur la santé
Sur la beauté
Il les assomme
Tout en silence
Épouvantable
Il dénature
La pureté
En la souillant
De tous les maux
Par tous ses vices
Il s'incruste
Dans notre vie
La détruit
À petit feu

À toi

À toi l'enfant
Au regard innocent
À toi la chanson
Chantée par le vent
Au fond du bois
Tout en douceur
Depuis ta naissance
Tu accumulais
Des connaissances
Qui s'étalaient
Dans ta mémoire
Et grandissaient
En un mélange
Pris de la vie
Au quotidien
De la famille
Avec envie
Tu es le bourgeon
Qui va s'ouvrir
Qui va fleurir
Et l'espoir
De l'avenir
Qui illumine
Autour de soi
On t'applaudit
Comme un roi
Quand tu parles
De ton futur
Avec envie
Et optimisme
Tout le monde te voit
Bon orateur
Et bel acteur
Grand chanteur
Un inventeur
Que sais-je encore
Tu feras naître
De l'espérance
Dans la valeur
Et le bonheur
Mais tu seras
Pour tes parents
Ce bel enfant
Si innocent
Qu'ils aimeront
Aussi longtemps
En lui disant
La vieille chanson
Chantée par le vent
Au fond du bois
Tout en douceur
Qui touche le cœur
Étant adulte
Toujours enfant

Mystère de la vie

Tout ce qu'on vit
Est déjà écrit
On le vérifie
Au long de la vie
On le lit
On le dit
Et on le prédit
Il est inscrit
Entre les plis
De la peau brunie
Et les cheveux gris
Dans les yeux qui brillent
Une image scintille
La mort et la vie
Le jour et la nuit
Dans le temps qui fuit
Furtif, sans bruit
Chacun son envie
Qui pousse et grandit
Chacun se décrit
Un monde infini
Beau et joli
Et qui l'éblouit
Chacun réagit
Pour sa seule survie
S'il est assailli
Par la jalousie
Par la maladie
Par l'anomalie
Et par la folie
Qui pourtant le plie
Presque anéanti
Mettant en sursis
Sa fragile vie
Il reste étourdi

Souvent ébahi
Dans sa léthargie
Perdant la partie
Que réserve la vie
Après l'embellie
Et les accalmies
Souvent il oublie
Et brave l'interdit
Il est surpris
Par les grands soucis
Qui jonchent la vie
Des grands et petits
Depuis la naissance
Et le premier cri
Du bébé sorti
Jusqu'au vieux qui gît
Faible dans son lit
La lutte continue
Rêve inassouvi
Chacun poursuit
Son chemin de vie
Même un peu aigri
Un peu rabougri
Et l'âme meurtrie
Chacun poursuit
Sa course sans bruit
Visant le fruit
De jour comme de nuit
Et à l'infini
C'est écrit ainsi
Entre les plis
De la peau brunie
Qui a tout subi
Au cours de la vie

Le ressac

Ma petite vie d'antan
Que j'aimais tant
Par ignorance
Et mon innocence
Un cercle tout petit
Un clan rétréci
Fermé et muet
À l'écart des gens
Comme une prison
Où chacun vit seul
Replié sur soi
Voyant passer
Le temps sans penser
Au jour suivant
Au jour qui finit
Je revois encore
Des visages fermés
Des gens qui dégagent
Une souffrance immense
Vivant démunis
Et vivant de peu
Donnant l'air heureux
Même le ventre creux
Les images défilent
Dans le temps qui file
Rappelant le vide
De tout réconfort
Du temps qui surgit
Du lointain passé
Venu de l'enfance
De mon ignorance
Et de ma souffrance

Je vois des personnes
Accrochées au sol
Qui donne des fruits
À des gens perdus
Qui tiennent à la vie
Par le sacrifice
Et les privations
Même aujourd'hui
Ça me donne envie
De ne plus penser
À ces jours vécus
Et les effacer
Du fond de mon cœur
Qui sent la rancœur
De ces souvenirs
Qui refont surface
Dont je veux guérir
Libérer cette âme
Qui veut en parler
Et qui veut tout dire
En laissant s'ouvrir
L'espace sans limite
Donner le sourire
Planter l'espoir
Partout sur la terre
Où naîtra l'enfant
Dans sa liberté
Et dans le bonheur
Pour une vie heureuse
Qui le remplit
De choses magnifiques

Le printemps

C'est le printemps
Partout des fleurs
Petits et grands
Dans le bonheur
Chantons la vie
Avec chaleur
Le monde sourit
Et chante en chœur
Prends une bougie
Vois sa lueur
Elle est jolie
Pleine de couleurs
C'est le printemps
Partout des fleurs
Petits et grands
De bonne humeur
Il n'y a pas d'ennemi
Il n'y a pas de peur
Nous sommes amis
Pour le meilleur
Tout le monde oublie
Les vieilles rancœurs
Ce qui est aigri
Devient douceur
Tout le monde crie
Mort au malheur
Que vive la vie

Et le bonheur
Vous êtes amis
Frères et sœurs
Et c'est écrit
Dans les valeurs
C'est le printemps
Partout des fleurs
Petits et grands
Dans la ferveur
Chasse au mépris
À la terreur
Dîtes ça suffit
À la douleur
Un peu de chaleur
À mettre au cœur
Un peu de rêve
Pour le meilleur
C'est le printemps
Tout en bourgeon
La vie fleurit
Chacun sourit
Et sans souci
L'âme est paisible
Épanouie
Et le bonheur
Partout jaillit

Méditation

Au crépuscule
À la lumière blafarde
Sous le ciel rougeoyant
Je pris mon chemin
Serpentant en lacet
Me faufilant à travers
Les bosquets en fleurs
D'où jaillissent des senteurs
Qui embaument l'atmosphère
D'un parfum enivrant
Je me sentis emporté
Libre comme une feuille
Suspendue dans l'espace
Dans le silence de la nuit
Calme et sans bruit
Sur une roche je m'assis
Balayant du regard
Tout l'espace éclairé
Qui illumine la terre
J'écoutais le silence
Qui murmurait partout
Des mots inaudibles
Qui se mêlent au chant
De la rivière lointaine
Berçant toute mon âme
Soulevée en douceur
Sous la voûte étoilée
Qui scintille et brille
Ravivant le plaisir
D'être en communion

Avec la belle nature
Cette nature qui subjugue
Et qu'on tue pourtant
Par stupidité
Et par cupidité
Oubliant ses fruits
Son pouvoir qui nourrit
L'homme la détruit
Dans une étrange folie
Sans remords ni souci
De ma place je prie
J'implore et je crie
Pour que cesse le mépris
Et toucher l'esprit
Pour un grand défi
Et un énorme pari
De redonner de la vie
À la nature qui nourrit
Et faire honneur à l'enfant
Qui naîtra demain
De reprendre le flambeau
Dans un monde si beau
Qui lui sera légué
Dont il sera fier
Qui saura subjuguer
Le regard sur le monde
Qui saura semer
Tout le bien
À la ronde

Excès d'ambition

Il rêvait d'une existence
Paisible et intense
Il se voyait déjà
Adulé comme un rajah
Certes il était beau
Jeune et très costaud
Mais il était pressé
De gagner, d'amasser
Il voulait accomplir
Tout est si vite
En brûlant les étapes
Fasciné par le gain
Il oubliait parfois
De faire le bon choix
Allant plus souvent
Par plusieurs voies
Sans cesse propulsé
Par le rêve de gagner
Au point de négliger
Sa famille et sa vie
Ce qu'il voit désormais
Le marquera à jamais
Il est vieux sans être adulte
Marqué par le temps qui fuit
Qui tire le jour vers la nuit
Il s'est lancé, aveuglé
Par le gain et la gloire
Il s'est beaucoup ignoré
Attiré par un mirage

Le temps a bien froissé
Les traits de son visage
Il se retrouve épuisé
Vidé et bien dégoûté
Trop vieux pour son âge
Il se sent comme ligoté
Enfermé dans une cage
Il est quitté par l'envie
En subissant sa vie
Il a commis des erreurs
Qui l'ont miné en douceur
Sans fortune et affaibli
Solitaire dans son lit
Rejeté dans un coin
Lugubre et stressant
Tiraillé par les remords
Oppressé dans son corps
Il ne trouve plus la paix
Ayant égaré la clef
Qui pouvait ouvrir son cœur
Il n'a plus que rancœur
En subissant le malheur
Édifié par ses mains
Et nourri par ses soins
Il est là en fin de compte
Dépérissant chaque jour
Dans le désarroi qui monte
Délaissé et sans amour

L'écho

C'est quoi l'écho
Mêlé de vent
Que tu entends
Te dire des mots
Dans ton sommeil
Plein de bruit
Qui te réveille
À chaque nuit
Depuis le jour
Où tu as pris
Le grand détour
Pour faire ta vie
Tu sembles hanté
Par une voix
Qui t'a chanté
Une seule fois
Un beau refrain
De tendresse
Sur un ton d'allégresse
Te saisissant
Du bout du cœur
T'emplissant
D'un vrai bonheur
Tu sens la joie
Te pénétrant
Traçant la voie
En entrant
Dans ton oreille
Avec douceur
Un signe pareil
À une lueur
Te tient en veille
La nuit durant
Et te conseille

Au demeurant
D'ouvrir la voie
À la patience
De faire le choix
De l'endurance
Pour écouter
Ta conscience
Et retirer l'expérience
Des scènes vécues
Au quotidien
Des heures perdues
À faire le lien
Ouvrant tes yeux
Sur la beauté
Du ciel bleu
Dont t'as rêvé
De tes envies
Et de ta vie
Qui font une paire
Et ton repère
Qui va t'aider
À t'en sortir
Et à vider
Tes faux désirs
Qui entravent
Ta volonté
Et qui dérangent
Toute ta pensée
Tu peux bâtir
Ta joie de vivre
Et construire
Ton joli livre
Pour reproduire
La grande envie

Qui te délivre
Et assouvit
Ta volonté
De poursuivre
Avec patience
Faisant revivre
Tout le bonheur
Au sein du cœur
Qui te fait tant
De menues joies
À vivre encore
À l'avenir
En harmonie
Avec ta vie
Qui pousse au loin
Et qui fleurit
Chaque jour au mieux
Qui te nourrit
De délicieux
Et nombreux
Moments de joie
Affectueux
Qui, te propulsent
Fort en avant
Qui t'impulsent
Un nouveau sang
Pour réussir
Et bien nourrir
Ton avenir
Et agrandir
Ton ambition
À ta façon

L'incertitude

Je vois la terre
Si effrayante
À l'avenir
Je crains la guerre
Si suffocante
Qui va venir
Le monde se tait
Face au danger
Un ordre est né
Pour diriger
Dans le secret
Des plans ourdis
Aucun regret
Et rien n'est dit
Pour la puissance
Des groupes sont nés
Et leur naissance
Crée un suspect
C'est dans l'ombre
Que pousse la peur
Dans les coins sombres
Et sans pudeur
Se créer la mort
Monstre féroce
Se tient le sort

Tendre et précoce
De cette paix
Qu'on nous annonce
Couvrir la plaie
Qui se prononce
Le mal est fait
Et il s'enfonce
Autour du monde
C'est la méfiance
Et à la ronde
C'est la défiance
Colère qui gronde
En permanence
Bientôt la fronde
Et la démence
Partout naîtront
Des conflits
Et changeront
Tous les amis
Qui ne seront
Que des ennemis
Qui ne verront
Que le profit
Et ne feront
Qu'ôter la vie

Ça peut paraître
Chose insensée
De faire naître
Une telle pensée
Pour le retour
Du jour maudit
Qui dresse la tour
De l'interdit
Dans chaque discours
Tout est permis
À chaque carrefour
Il y a l'ennemi
Aucun secours
Point d'ami
Chacun est sourd
À tous les cris
Pourtant le maître
L'avait prédit
Et les ancêtres
L'avaient écrit
Viendra ce jour
Plein de folie
Terre de vautours
À l'infini

Force de l'univers

Au sein de l'univers
Où scintille la lumière
Se trouvent tant de mystères
Bien cachés sous la terre
Et enfouis sous les mers
Ou encore dans la biosphère
Il suffit de regarder
L'immense ciel étoilé
Pour bien mesurer
Cette harmonie édifiée
Qui nous laisse stupéfaits
Il suffit de pénétrer
Les fonds marins éclairés
Pour se sentir frappé
Par d'indicibles beautés
Dans les espaces élevés
Et les recoins cachés
Le regard est effaré
Devant tant de puissance
L'homme est éberlué
Par de telles magnificences
Et le monde bien rangé

Et dans l'ordre sans faille
En une beauté si pure
D'où émane la douceur
Qui fait du bien au cœur
Avec toutes les couleurs
Et une multitude de fleurs
Répandues à l'infini
Disposées en harmonie
Incitant l'homme à agir
Pour le futur de l'humain
Bien décidé à offrir
Tout le bonheur de demain
Aux générations montantes
Qui auront de grosses attentes
Pour bâtir l'avenir
En reprenant le flambeau
Allumé pour le futur
Et gravé dans la nature
En sauvegardant sa carrure
Lui évitant la souillure
Et maintenir sa beauté
Dans l'ordre et le respect

Le grand départ

Quand ça frissonne
À l'heure qui sonne
Le grand départ
Pour un sommeil
Loin des miens
Dans ma demeure
Les mains nues
Et sans richesse
Monter au ciel
Étant si jeune
Et même pas vieux
Bougie éteinte
Au coup de vent
Sans avertir
Je prends la voie
Pour un départ
Sans le vouloir
Par une nuit
Et sans bruit
Tout en silence
Comme un oiseau
Se balançant
Au gré du vent
Dans un espace
Au cœur du ciel
Bougeant ses ailes
De tous côtés
Pour signifier
La joie de vivre
Je pars un jour
Où le soleil
Donne la couleur
Au pauvre cœur
Qui ralentit
Et rétrécit
Au fil du temps
Marquant la fin
De toute une vie
Je pars seul
Comme tous les autres
Avant moi
Vers un destin
À découvrir
Pour un retour
Vers l'inconnu
Et le mystère
Qui fait la vie
Celui aussi
Qui donne la mort
Un coup de dé
Un coup de chance
Les jeux sont faits
Connus d'avance
Par la puissance
Qui nous dépasse
Quand on trépasse
Un âge si jeune
Un âge d'adulte
Pour la faucheuse
Moment d'exulte

L'orphelin

Petit orphelin
Au visage angélique
Pleurant son père
Mort alcoolique
Face aux visages
Mélancoliques
Face à la scène
Tragique
En cette journée
Fatidique
Où danse l'esprit
Maléfique
Dans ton regard
Magnétique
Se lit une âme
Chaotique
Et une douleur
Électrique
Mais tu demeures
Magnifique
Dans une attitude
Héroïque
De ton intérieur
Se dégage
Une force vive
De courage
Pour que tu tournes
La page

Après l'ultime
Hommage
Dont tu garderas
L'image
Qui te servira
Davantage
À bien tracer
Ton sillage
Pour aller droit
Sans dérapage
Te redressant
Avec honneur
Pour faire face
Au malheur
Tu sauras cueillir
La fleur
Qui fera naître
Ton bonheur
Dans ton monde
Sans limite
Dans ton espace
Magique
Et dans ta vie
Féerique
Tu seras toujours
Sympathique
Avec ton caractère
Pragmatique

Terre secrète

Sur la surface miroitante
Étendue à l'infini
Des espèces se multiplient
En harmonie et magie
Et dans un ordre de génie
Dans le mystère de la vie
Où chacun cherche sa survie
Du grand au plus petit
C'est un monde enfoui
Par sa beauté éblouit
Et qui laisse à méditer
Durant le jour et la nuit
Sur la loi qui le produit
Qui fascine et instruit
Pourquoi l'étoile brille ?
Au fond du ciel qui scintille ?
Se demandaient les terriens
Émerveillés par les liens
Entre les éléments aériens
Suspendus à des riens
Entre les fonds marins
Où chaque espèce parvient
À cohabiter si bien
Pour la vie qui maintient
L'équilibre au quotidien
Sur la terre secouée

Par les pressions accumulées
Et les vents si déchaînés
Face aux volcans virulents
La grande force des typhons
Dans la nature explosant
Comme des coups de canon
Générant de grandes peurs
Dans la puissance cachée
Dont la vie est menacée
À cause de l'homme qui blesse
La pauvre nature sans cesse
Cette nature qui le nourrit
Qui assouvit son appétit
Et qu'il saccage et détruit
Aveuglé par les profits
Qui, le mettront un jour à nu
Car pour responsable
Il est tenu
Et pour ses méfaits
Qui sont connus
Lui, et ses rêveries
Ses actes restés impunis
Courant la face voilée
Il sera bientôt démasqué
Et par l'opinion jugé
En tant que seul accusé

Sort commun

Nous sommes poussière
Nous venons de la terre
Et retournons en son sein
Quand la bougie s'éteint
Nous sommes passagers
D'un gigantesque train
Lancé par les chemins
Qui demeurent incertains
Aux yeux des usagers
Nous suivons un berger
D'un pas indécis
Qui fonce vers l'inconnu
À un rythme soutenu
Et notre regard se fige
Sur l'horizon lointain
Où s'agitent les humains
En lutte perpétuelle
Dans un combat continuel
S'affairant sans relâche
Souffrant à leur tâche
Ils font partie de nous
Nous les représentons
Dans le froid et le feu
Courant tels des fous
Et oubliant si souvent

Ce que leur dit le vent
Qui les pousse vers l'avant
Essoufflés et bavant
Aspirant au bonheur
Dans la joie et la peur
Dans un monde affreux
Défiguré par l'homme
Qui manque de sérieux
Au caractère envieux
Et toujours grincheux
Cassant et réparant
Gaspillant l'énergie
Maltraitant la vie
Pour l'unique désir
D'avoir tout à lui
Se battant contre l'autre
Qu'il voit en ennemi
Et l'instinct animal
Le dresse en rival
Le poussant à tuer
Devenant inférieur
À ce chien qui se bat
En ce monde si bas
Pour un os moisi

Point d'union

Il aspirait à une vie en rose
Chantée haut en prose
C'est une existence morose
Que celle-ci lui propose
Il avait dans l'engrenage
Un gros grain de sable
Qui l'a pris en otage
Dans un état minable
Chaque jour est fastidieux
Des disputes au quotidien
Devenues un cercle vicieux
Du mauvais sang pour rien
Sa vie n'est plus mieux
Que celle d'un pauvre chien
Pour les beaux yeux des gens
Des sourires sont exhibés
Pour les projets de demain
L'espoir est inhibé
Tout est fait pour l'apparence
Pour un aspect grandiose
Il vivait une peine intense
Dans son cœur qui s'ankylose
Au fond tout est en carence
Et l'issue devient close
Provoquant la sclérose

Les projets tombent à l'eau
Impossible à repêcher
Les sourires sonnent si faux
Dans la manière esquissée
Dessinant une grimace
Et le mal qui le décime
Cela déforme sa face
La douleur le comprime
Les scènes se renouvellent
Et se ressemblent à merveille
Chaque instant l'interpelle
Sur les moments de la veille
La vie par habitude
Fait mourir d'inquiétude
Après chaque jour qui passe
C'est son union qui trépasse
De l'impasse il veut sortir
En décuplant les efforts
Mais que d'efforts à fournir
Pour arriver au confort !
La souffrance est affective
Car sa joie n'est que furtive
Dans cette vie qui s'estompe
Le tuant à petit feu

...

Pour la mémoire	Dans ta mémoire	Pris dans ta tête
Qui t'a quitté	Tu sens la gêne	Bien entouré
Pour le savoir	Et tu grimaces	Et souvent seul
Qui t'a laissé	On sent la peine	Ça dégénère
Sans le vouloir	Qui te tracasse	En confusion
Tu as glissé	Tu dis un mot	Dans l'hémisphère
Et le trou noir	Et tu l'oublies	Et les lésions
T'a enfermé	Tu dis tantôt	Qui prolifèrent
Sans espoir	C'est celui-ci	Et sont légion
Bien écorché	Mais aussitôt	Coupant les ponts
Tu es devant	Tu n'as rien dit	Et tous les liens
Les gens aimés	Tout se mélange	C'est pour de bon
Et tes enfants	Dans ta pensée	Avec les tiens
Qui veulent t'aider	Ça te dérange	Impuissants à regarder
Mais ton regard	Tu es blessé	Ta déchéance constatée
Reste évasif	Tu veux pourtant	Sans rien faire
Parfois, hagard	Faire rejaillir	Que de se taire
Parfois, furtif	Dans l'instant	Devant la force
Tu veux te voir	La faire revivre	De ton destin
Comme autrefois	La belle mémoire	Qui creuse l'amorce
Sans le pouvoir	Qui t'a quitté	De ton déclin
Tu te déçois	Te laissant là	Tel cet arbre
Tu fais l'effort	Dans le brouillard	Qui perd l'écorce
De dire un mot	Et la tempête	Qui dépérit
Qui vient de loin	Du tintamarre	Au fil du temps

Ça vient de loin

Il poursuit
Un rêve d'enfance
Qui le fuit
Et le distance
Il continue
Dans l'endurance
Bien résolu
En résistance
Il tend la main
Vers le fruit
Qui se dessine
Sur son chemin
Dans le silence
Et sans bruit
Et dans la nuit
Du temps qui fuit
À la recherche
De son destin
Qu'il poursuit
Depuis l'enfance
Et qui le fuit
En permanence
Il va devant
Il est séduit
Par cet allant
Qui l'éblouit
En le poussant
Devant lui
Toujours au loin
Vers l'inconnu
Il sent son cœur

Bien envahi
Par le bonheur
Qui le saisit
Et la douceur
De la vraie vie
Qu'il poursuit
De toute sa force
Qu'il construit
Pour le mener
À son destin
Par un chemin
Même incertain
Ce rêve d'enfant
Qu'il poursuit
Qui le devance
En persistance
Et sans bruit
Il continue
Par insistance
Bien résolu
Il continue
Même en souffrance
Poussé devant
Par l'invisible
Par cette lueur
Bien visible
Qui brille au loin
À l'horizon
Et qui lui dit
De tenir bon

C'est mieux à deux

Sous le vieux chêne
Au tronc noueux
Ils se promènent
Le cœur heureux
Dans la douceur
Des souvenirs
Et le bonheur
De l'avenir
Se tiennent la main
Comme autrefois
Sur le chemin
Toujours droit
Ils sont certains
De leur choix
Et vers demain
Traçant la voie
Ils vont loin
Sautant de joie
Vivant le temps
Comme il vient
Qui a longtemps
Soudé les liens
Sous le gros chêne

Au tronc noueux
Ils font une pause
Le cœur heureux
Et s'offrent une rose
En amoureux
Dans la douceur
Des soirs d'été
Et les senteurs
Des beaux bosquets
Ils ont chacun
Un cœur pour deux
Comme des gamins
Ils font des jeux
Ils n'ont besoin
Que d'être heureux
Par des câlins
Ils font des vœux
Pleins de parfums
Qui montent aux cieux
Sous le gros chêne
Majestueux
Le temps s'égrène
C'est merveilleux

Témoin impuissant

Il a entendu
Le sifflement
Le crissement
Et la barrière
Bien fermée
Devant ses yeux
Avec le feu
Bien allumé
Sans lui laisser
Le moindre temps
Le temps maudit
Qui lui manquait
Pour dépasser
Et s'échapper
En sécurité
Il a subi
Dans un cri
Le coup terrible
Indescriptible
Ôtant sa vie
Devant mes yeux
Bien ébahi

Dans le brouillard
Du jour brumeux
C'était trop tard
Pour réagir
Pour lui dire
Intervenir
Pour retenir
Les deux machines
Devenues sourdes
Bien décidées
À se cogner
Et sans pitié
C'est la routine
Des petites bourdes
Si ancrées
Qui ont causé
L'irréparable
Et l'hécatombe
J'étais témoin
Et une victime
Comptant en moins
L'ami intime

J'ai la blessure
En souvenir
Une chose sûre
À retenir
Pour la prudence
La vigilance
Faire la distance
Laisser l'avance
Et maintenir
Sa vue au loin
Et prévenir
La somnolence
Pour éviter
Toute incidence
Et espérer
Sauver la vie
En repoussant
À tout prix
La mort bête
Qui gâche la fête
De la famille
Et des amis

Le mur

Il cache aux yeux
Tout l'horizon
Coupant en deux
Toute une nation
Il est hideux
Tel un géant
Montant aux cieux
Bien imposant
Il est témoin
De la douleur
Dans les recoins
De tous les cœurs
Il est créé
Pour séparer
Pour diviser
Toute l'unité
De tous ces gens
Si meurtris
Faisant des clans
Et des ennemis
Il est dressé
Par la folie
Et bien miné
De jalousie
Un coup de hache
Dans un tronc
Qui sert de cache
De voir devant
Sans qu'on sache
La vraie raison

Il se murmure
Derrière le mur
De chaque côté
Des barbelés
Mettre en place
Ce qui sépare
Et qui efface
Ce qui répare
Par le rempart
Tout se sépare
La liberté
On la menace
Faisant suer
Tordant le corps
Dans la grimace
On est muet
Semant la mort
Et la blessure
D'un mal fort
Qui le ceinture
Faisant le tort
Par la clôture
Par l'inconfort
La déchirure
C'est en novembre
Que fut sa chute
Chassant l'ombre
Et tout encombre
Ouvrant la porte
À la lumière

Qui devient forte
Toute, entière
Qui réconforte
De belle manière
Tout un symbole
Contre la haine
La pensée folle
Qui se déchaîne
Contre le peuple
Qui reste uni
Qui veut l'union
À l'infini
En communion
Et en ami
Quand sonne l'heure
Du grand bonheur
Rendant chaque cœur
De bonne humeur
Sans entrave
Sans camisole
Jamais de peur
Pour la parole
Tout en fleurs
Plein le sol
Peuple uni
Pour un envol
Dans le respect
Sans conflit
Un bel aspect
Pour la vraie vie

L'immuable

Son caractère
Des plus austères
Et ses manières
Souvent amères
La tête en l'air
Et tellement fier
Si peu sincère
Il n'est pas clair
Jouant des mots
Caché derrière
Ce qui est beau
Qui sonne faux
Son seul repère
Les belles paroles
Cherchant à plaire
En homme frivole
Jouant le rôle
De l'homme d'affaires
Il n'a personne
À ses côtés

On l'abandonne
Sans le blesser
Et il tâtonne
Pour se hisser
Vie monotone
Qu'il a créée
Elle n'est pas bonne
Et il le sait
Il frissonne
Il est touché
Et il bougonne
Entre ses dents
La faute à lui
C'est évident
Tout le monde fuit
Son caractère
Rendant sa zone
Si limitée
Ça le chiffonne
Dans sa pensée

Il mène sa vie
Par habitude
Car sans envie
Sans certitude
Le temps le plie
En servitude
Il maintient
Son attitude
Qui nourrit bien
Sa solitude
Multipliant
Sa lassitude
Aucun lien
À l'infini
La platitude
Sans aptitude
Son caractère
Le met à terre
La vie est rude
À supporter

L'hiver

Comme bien souvent
En saison hivernale
On entend le vent
Et ses vives rafales
À travers les champs
Il siffle glacial
Le rythme est long
Mais si convivial
L'hiver s'installe
Pour un intervalle
Il entre et emballe
jusqu'aux semailles
On se cache partout
Pour être à l'abri
On se couvre surtout
De laine de brebis
Regardez les loups
Les petites fourmis
Au fond d'un trou
Au chaud réunis
Hiver est prudence
Et surtout patience
La terre se blanchit
Sous le ciel gris
Le froid gelant
Au corps vous saisit
Glaçant votre sang
Réduisant la vie
Tout l'hiver durant

On se met en veille
Attendre le printemps
Que nous aimons tant
Le vol de papillons
Qui nous émerveille
Tout se mélangeant
Aux couleurs d'abeille
Le côté charmant
De nature s'éveille
Et tout de dedans
Bientôt se réveille
Dans un petit chant
Pour être pareil
À une bonne maman
Qui berce son enfant
Par une douce chanson
Chassant la torpeur
Et le temps passant
Sur la terre semant
La graine de bonheur
Une haie de couleurs
Énorme sentiment
De bien-être au cœur
Partout ressentant
Le parfum des fleurs
En tout instant
Le rêve en douceur
Le regard devant
Plein de chaleur
Et chaque jour luttant
Pour un monde meilleur

Table des matières

Mon village 7
Désert ensorceleur...9
Ma grand-mère 11
À l'innocence 13
À toi, mon frère 15
Être un papillon 17
Une vie si simple 19
Le rebelle 21
Miroir maudit 23
L'énigmatique 25
Monstre invisible 27
Puissance chimérique 29
Le magouilleur 31
Le déprimé 33
Halte ! 35
Sortir dans l'espace 37
Ma mère 39
Est-ce ça la vie ? 41
Partir ou périr 43
Sur la marge 45
La volonté 47
Le paysan 49
Le montagnard 51
Comme un jouet 53
L'appât 55

À chacun son rêve	57
Doutes et espoirs	59
Mon oiseau	61
Séparation ambiguë	63
Mémoire d'enfant	65
Jour funeste	67
Seul dans la nuit	69
Vois ton monde	71
Ombre fuyante	73
S'éteindre	75
Le bienfaiteur	77
Toujours plus haut	79
Paix de l'âme	81
Planète menacée	83
Tête haute	85
Vivre sa vie	87
Cartésien et positif	89
L'impitoyable	91
À toi	93
Mystère de la vie	95
Le ressac	97
Le printemps	99
Méditation	101
Excès d'ambition	103
L'écho	105
L'incertitude	107
Force de l'univers	109
Le grand départ	111
L'orphelin	113
Terre secrète	115
Sort commun	117
Point d'union	119
…	121
Ça vient de loin	123

C'est mieux à deux 125
Témoin impuissant 127
Le mur 129
L'immuable 131
L'hiver 133

Imprimé en Allemagne
Achevé d'imprimer en juin 2022
Dépôt légal : juin 2022

Pour

Le Lys Bleu Éditions
40, rue du Louvre
75001 Paris